.5773.
✠.A.2.

Yf 1275

LES FEMMES VENGÉES,

OPÉRA-COMIQUE,

EN UN ACTE ET EN VERS;

PAR M. SEDAINE.

La Musique de M. PHILIDOR.

Représenté, pour la première fois, le Lundi 20 Mars, par les Comédiens Italiens ordinaires du Roi.

Se vend 30 sols broché.

A PARIS,

Chez MUSIER fils, Libraire, quai des Augustins, au coin de la rue Gît-le-cœur;
Et à Pâques, rue du Foin-Saint-Jacques, vis-à-vis la Chambre Syndicale des Libraires.

M. DCC. LXXV.

VAUDEVILLE.
M. RISS.

Ne donnons jamais à nos femmes
De vrais motifs pour se venger;
Le ciel a placé dans leurs ames
Assez de penchant pour changer.
Quelque peu de coquetterie
Peut les rendre volages: mais,
Pour rendre agréable la vie,
N'y regardons pas de trop près,
N'y regardons pas de trop près.

MADAME LEK.

Mon Epoux est froid & sauvage :
Il se pique souvent de rien,
Il se croit un grand personnage,
Et ce qu'il fait est toujours bien ;
Sa petite Philosophie,
Pourroit souvent me fâcher ; mais,
Pour rendre agréable la vie,
N'y regardons pas de trop près.

LA PRÉSIDENTE.

Etre toujours dans son ménage,
En même-temps froid & jaloux ;
Un vrai Caton pour le langage :
C'est le portrait de mon Epoux.
De sa galante perfidie,
Je pourrois bien me venger ; mais,
Pour rendre agréable la vie,
N'y regardons pas de trop près.

LE PRÉSIDENT.

Ma Femme est tant soit peu coquette,
Un miroir n'est pas fait pour rien ;
Un Monsieur vient à sa toilette : —
Madame, que vous êtes bien ! —
Elle permet quelque folie :
Cela pourroit me fâcher ; mais
Pour rendre agréable la vie,
N'y regardons pas de trop près.

COMÉDIE.
MADAME RISS.

Pour peindre une Femme très-belle,
Mon Mari fait venir chez lui,
Afin de servir de modèle,
Le tendron le plus accompli.
Un jour la fillette jolie,
Avec Monsieur babilloit ; mais
Pour rendre agréable la vie,
N'y regardons pas de trop près.

Diversité : c'est la Devise,
Des jeux que nous vous présentons ;
Votre bonté nous autorise,
A chanter sur différens tons ;
Celui de cette Comédie
A, sans doute, des défauts ; mais,
Mais, Messieurs à cette folie,
Ne regardez pas de trop près.

LES FEMMES VENGÉES.

ARIETTE.

Poco Adagio.

Quand Pâ- ris, fur le mont I- da,

Ju- gea trois Beautés immor- tel-

- les, Que de vo- lup- tés,

de vo- lup- tés il goû- ta

A l'af- pect en- chan- teur des

char- mes des trois Bel- les,

A l'af- pect en- chan- teur des

char- mes des trois Bel- les!

Je fuis plus fortu- né que n'é-

AVERTISSEMENT.

J'ai hasardé cet Opéra-Comique, pour essayer l'effet que pourroient produire sur le Théâtre, trois Scènes à la fois, en trois lieux différens. Je crois, cependant, qu'elles ne sont admissibles qu'en observant l'unité d'action ; c'est-à-dire, en donnant aux Personnages, occupés dans les parties latérales, l'application à la Scène qui remplit le milieu du Théâtre.

La Tragédie même pourroit peut-être, employer ce moyen avec succès. Je n'ai jamais vu la Scène, entre Junie & Britannicus, sans penser que, si Néron, caché pour les Personnages, étoit présent à mes yeux, il n'auroit pas sur le visage un seul mouvement qui ne fît éprouver (à moi Spectateur) un sentiment confus & profond d'inquiétude, de terreur & de pitié.

Je pourrois étendre cette observation sur le concours de plusieurs Scènes ensemble, mais je n'ai point encore acquis par mes Ouvrages le droit de donner des leçons.

J'ai fait mettre une Gravure qui représente la situation de la Scène. Cet Ouvrage pourroit être porté en Province par la Musique, & j'ai voulu donner aux Entrepreneurs de Spectacles l'intelligence de la distribution des trois Scènes.

ACTEURS.

M. RISS.   M. CLAIRVAL.

Mde RISS.   Mde MOULINGHEN.

LE PRÉSIDENT.   M. LARUETTE.

LA PRÉSIDENTE.   Mlle COLOMBE.

M. LEK.   M. NAINVILLE.

Mde LEK.   Mlle BEAUPRÉ.

La Scène est à Reims, dans l'Appartement du Peintre.

LES FEMMES
VENGÉES,
OU LES FEINTES INFIDÉLITÉS.

SCÈNE PREMIÈRE.
MADAME RISS.

ARIETTE.

Femmes charmantes, qui prenez
Vos devoirs, vos devoirs pour guides.
Venez,
Apprenez,
Retenez,
Comme il faut punir des perfides.
De la douceur,
Un air flatteur,
Jamais d'humeur,
Jamais d'aigreur.

LES FEMMES VENGÉES.

C'est trop d'honneur,
Pour de tels gens ;
Mais avec ruse,
On les abuse,
Et l'on s'amuse
A leurs dépens.
Femmes charmantes, qui prenez
Vos devoirs, vos devoirs pour guides ;
Venez,
Apprenez,
Retenez
Comme il faut punir des perfides.

SCÈNE II.
MADAME RISS, LA PRÉSIDENTE.

MADAME RISS.

AH, Madame la Présidente !

LA PRÉSIDENTE.

Bon-jour, Madame Riss : voici la Lieutenante
Qui me suit ; vous m'avez fait prier de venir.

MADAME RISS.

Oui, je veux vous entretenir
Sur un fait qui, sans doute, a lieu de vous surprendre.

LA PRÉSIDENTE.

Mais comment pourrez-vous à l'instant me l'apprendre,

COMÉDIE.

Si la Lieutenante eſt ici?

MADAME RISS.

Elle eſt en cette affaire intéreſſée auſſi.

SCÈNE III.

M^{de} RISS, M^{de} LEK, LA PRÉSIDENTE.

MADAME LEK.

Bon-jour, ma chère amie.

LA PRÉSIDENTE.

Ah! Je ſuis la ſervante
De Madame la Lieutenante.

MADAME LEK.

La Lieutenante! eh! Madame, bon-jour;
Avouez, qu'en diſant ainſi la Lieutenante,
Vous voulez m'obliger à vous dire à mon tour,
Je ſuis la très-humble ſervante
De Madame la Préſidente.

LA PRÉSIDENTE.

Non, Madame.

MADAME LEK.

Tenez, ſoit égards, ſoit devoir,
On ne rend des honneurs que pour en recevoir.
Juſqu'à préſent, peu faite à ce ton des Provinces,

A 2

Je veux de la franchise, & non pas du respect;
Je suis Madame Lek, Femme de M. Lek,
Modeste Possesseur de trois Charges très-minces,
Lieutenant d'un Bailli, de plus, Garde-marteau,
Et jadis Assesseur, & pillier de Barreau.
Je crois, qu'on ne doit pas être orgueilleuse & fière
Pour des places qui n'ont qu'un médiocre prix:
Hélas, si vous saviez comme on rit à Paris
De tout cela!

LA PRÉSIDENTE.

Madame, en aucune manière. ...

MADAME RISS.

Ecoutez, s'il vous plaît, je n'aurois pas le temps
De vous révéler le mystère,
Qui de votre présence exige ces instans.

MADAME LEK.

J'ai tort.

LA PRÉSIDENTE.

Non, pardonnez.

MADAME LEK.

Oui, j'aurois dû me taire.

MADAME RISS.

Vous l'auriez dû certainement.
Allons, embrassez-vous aussi sincèrement
Que deux Femmes peuvent le faire.

LA PRÉSIDENTE.

Ah! moi, c'est de bon cœur.

MADAME LEK.

Et moi de même.

COMÉDIE.

MADAME RISS.

Ici,
Je vous prie à souper, Mesdames, aujourd'hui,
A moins que vous n'ayez quelques autres affaires.

MADAME LEK.

Non, je suis veuve.

LA PRÉSIDENTE.

Et moi, je serai veuve aussi :
Monsieur le Président est allé dans ses terres.

MADAME LEK.

Eh ! dites à sa vigne.

MADAME RISS.

Encor ?

MADAME LEK.

Je me tairai.
Mais c'est que.....

MADAME RISS.

Mais, paix donc.

MADAME LEK.

Eh bien, je vous dirai,
Que mon mari forcé d'aller à la campagne,
Pour des coupes de bois, avoit beaucoup d'humeur
D'abandonner ce soir sa très-chère compagne.

MADAME RISS.

De l'humeur !

LES FEMMES VENGÉES,

MADAME LEK.

Eh ! mais oui. Pourquoi cet air moqueur ?

LA PRÉSIDENTE.

Madame, ouvrez-nous votre cœur.
Si vous jugez que nous en soyons dignes.

MADAME RISS.

Monsieur le Président est allé dans ses vignes ?

LA PRÉSIDENTE.

Oui.

MADAME RISS.

Monsieur Lek absent pour des coupes de bois ?

MADAME LEK.

Oui, sans doute.

LA PRÉSIDENTE.

En partant il m'a dit plusieurs fois
Que nous n'aurions que demain sa présence.

MADAME LEK.

Que j'avois cette nuit à pleurer son absence.

MADAME RISS.

ARIETTE.

Ah ! pauvres Femmes que nous sommes,
Que nous sommes
Dupes des Hommes ;
Ils ne sont tous que des ingrats,
Que des traîtres, des scélérats.

COMÉDIE.

Si la candeur, si la franchise,
Si la pudeur en nous transmise,
Des Femmes n'étoient les vertus ;
Sur la terre il n'en seroit plus,
 On n'en verroit plus.

Ah ! pauvres Femmes que nous sommes,
  Que nous sommes
  Dupes des hommes !
Ils ne sont tous que des ingrats,
Que des traîtres, des scélerats.

LA PRÉSIDENTE.
A quel propos ?...

MADAME LEK.
 Pourquoi ?...

LA PRÉSIDENTE.
    Seroit-ce nos époux,
Qui sont ingrats ?

MADAME RISS.
    Où pensez-vous
Qu'ils espèrent souper ?

LA PRÉSIDENTE.
   Madame, je l'ignore.

MADAME LEK.
Où donc ?

MADAME RISS.

Mais devinez.

LA PRÉSIDENTE.

Parlez.

MADAME RISS.

Eh! mais encore?

MADAME LEK.

Dites-nous vîte.

MADAME RISS.

Eh bien, ici, ce soir.

MADAME LEK.

Ici!

LA PRÉSIDENTE.

Ici souper! non, non, votre époux est parti;
Il doit aller coucher à la Ville prochaine.

MADAME RISS.

Qu'importe?

MADAME LEK.

Quoi, vous seule! & sans votre mari!

MADAME RISS.

Sans doute; écoutez bien: depuis une semaine,
D'un air mystérieux, Monsieur Lek m'assuroit
Que le cher Président m'aimoit à la folie;
Et le cher Président, d'autre part me juroit,

Que votre Monsieur Lek me trouvoit fort jolie.
 Madame, vous, qui de la vanité,
Ne souffrez pas l'excès avec impunité,
Souffrez-moi celle-ci ; j'étois, j'étois charmée,
De me voir, tout-d'un-coup, si tendrement aimée,
Par deux Hommes galans, dont les Femmes n'ont pas
A rougir de manquer de jeunesse & d'appas.
Hier ils sont venus ; Mesdames, je vous passe
Des discours, des propos d'assez mauvaise grâce:
Monsieur le Président, grave, quoiqu'amoureux,
En termes clairs & nets, m'a déclaré ses feux.
Pendant qu'il débitoit les phrases les plus fades,
Monsieur Lek, tout en feu me lançoit des œillades;
Il me prenoit le bras ; il me serroit la main ;
Votre mari, Madame, est un peu libertin,
Un peu libre de geste, il s'émancipe, il tranche;
Et votre Président baisoit mes nœuds de manche
Respectueusement, & se croyoit heureux.
La gaîté, malgré moi, s'emparoit de mes yeux.
Cet amour en commun me sembloit si risible,
Qu'en les considérant, il m'étoit impossible
D'opposer l'air sévère à leur empressement;
Mais il falloit un terme à cet amusement.
Je détournai la tête, & baissant la prunelle,
 Je jouai le recueillement.
Sourire à l'un... à l'autre, un regard languissant;
Et, je dis, oui: Messieurs, votre flamme est si belle,
Qu'on ne peut résister à son aveu charmant:
Et, si vous m'assurez un parfait dévouement,
 Si vous me faites la promesse
D'observer avec moi la plus grande sagesse,
Je vous donne à souper demain au soir ici ;
J'entendrai vos raisons. Sachez que mon mari

Part demain, pour deux jours le volage me quitte.
Ah! Madame, ah! Madame! eh! oui, oui, partez vîte;
Sortez tout doucement, je crains que des jaloux,
Par des rapports malins n'effrayent mon époux.
Demain, je vous attends, vous viendrez sur la brune.

Ils sont sortis, ravis de leur bonne fortune,
Et c'est ce soir ici qu'ils viennent; à mon tour,
Je veux savoir de vous, ce que de leur amour
Vous voulez que je fasse.

LA PRÉSIDENTE.

Ah! c'est épouvantable!

MADAME LEK.

A-t-on jamais parlé d'un procédé semblable?

LA PRÉSIDENTE.

L'infidèle!

MADAME LEK.

Le traître! ah! je le surprendrai.

LA PRÉSIDENTE.

Si vous le permettez, Madame, je viendrai
Lui demander ici le sujet qui l'amène,
Et lui dire...

MADAME LEK.

Pour moi, je veux faire une scène,
Qui le fasse rougir de son indignité.

COMÉDIE.

LA PRÉSIDENTE.

Moi, je veux publier son infidélité.

MADAME RISS.

Non, rien de tout cela ; si vous voulez m'en croire,
Ne faisons rien qui puisse offenser notre gloire.
Ici, dans une Ville, avide de caquets,
Ne donnons point matière aux propos indiscrets :
C'est un point délicat que l'honneur d'une femme
Et peut-être sur moi retomberoit le blâme.
Ecoutez.

LA PRÉSIDENTE.

Dites.

MADAME LEK.

Oui, parlez.

MADAME RISS.

J'ai tout conté
A mon époux.

MADAME LEK.

A lui !

LA PRÉSIDENTE.

Quelle témérité !

MADAME LEK.

Quoi ! ne craignez vous pas qu'entre eux il n'en résulte ?..

MADAME RISS.

Rien. Un Peintre, Madame, un Artiste profond
Voit tout ce qu'il doit voir; & peu Jurisconsulte,
Il méprise la forme, & ne voit que le fond.
Nous rions entre nous de ces propos frivoles;
Mais le temps presse, abrégeons les paroles.
Ils viendront, j'y serai; mon époux surviendra,
Je les ferai cacher dans ce cabinet-là.
Chez vous, j'irai vous prendre. Alors tous quatre à table
En ce lieu nous ferons un repas délectable;
Ce n'est pas tout encore, & seules tour-à-tour,
Avec mon tendre époux vous parlerez d'amour;
Tour-à-tour avec lui restez en tête-à-tête,
Vous feindrez par degrés d'en être la conquête,
Et vous leur donnerez le chagrin mérité,
En paroissant leur faire une infidélité :
Voilà le vrai chemin.

MADAME LEK.

Oui, laissons-nous conduire.

LA PRÉSIDENTE.

Oui, vous avez raison, il est bien mieux d'en rire.

MADAME RISS.

Le jour finit, allez, moi j'irai vous chercher :
Et, Mesdames, sur-tout, craignez de vous fâcher.

COMÉDIE.

TRIO.

LA PRÉSIDENTE.	MADAME RISS.	MADAME LEK.
Qui l'auroit dit du Président,	Confolez-vous,	Qui l'auroit dit de mon Époux ?
Toujours prêchant,	Tous les Epoux	Je veux, je veux dans mon courroux,
Toujours difant,	Sont infidèles;	Je veux qu'il tombe à mes genoux;
Que la foi dans le mariage,	Ils traitent tous	Il béniſſoit ſon mariage,
Du vrai bonheur	Ces rendez-vous	Il ſe difoit fidèle & ſage,
Eſt le ſeul gage ?	De bagatelles.	Et me juroit d'être conſtant;
	Notre courroux	Il eſt plaiſant
	Leur paroît doux :	D'être conſtant,
	Et dans leur âme,	
	Sans choix, ſans goûts,	Quand on ne peut faire autrement.
	Ils aiment tous,	
	Toutes les Femmes.	
		Il me paroiſſoit ſi content;
Qui l'auroit dit du Président,	Mais le jour tombe,	Il me juroit d'être conſtant;
Ce Juge intègre & ſi prudent ?	Allez-vous en ;	
		Allons-nous en, allons-nous en,
Qui l'auroit dit du Président?	Ils vont venir, allez-vous en,	
		Ah! je l'attends, ah! je l'attends.
Ah! je l'attends, ah! je l'attends.	Je les attends, Je les attends.	

SCÈNE IV.

MADAME RISS.

AH! ah! Messieurs les doucereux,
Vous vous faites de nous, de charmantes idées;
Il suffit que par vous nous soyons regardées,
  Et nous répondons à vos vœux.
 Mais la nuit vient, & la défense
  D'une Femme est dans ses yeux;
Un coup d'œil imposant, un regard sérieux,
Bien mieux que les discours, fait prévenir l'offense.
Ainsi, d'abord ayons des flambeaux allumés,
Le tein paroît plus vif, les yeux plus animés :
Et l'effet enchanteur d'une douce lumière
Donne plus de brillant au jeu de la paupière.
  Mais on a beau ne pas vouloir
  Plaire à de certains personnages,
  Et s'attirer certains hommages,
  Il faut un coup d'œil au miroir.

ARIETTE.

Un petit coup d'œil au miroir
Donne plus d'éclat à nos charmes,
Et quoique sûres de nos armes
On est bien aise de savoir,
Si rien n'affoiblit leur pouvoir;
Et quoique sûres de nos armes,
Il faut, pour calmer nos alarmes,

COMÉDIE.

Un petit coup d'œil au miroir.
On sonne,... doucement ?... Ah ! c'est le Président.
Plus fort ?.. Plus fort ? Ah ! c'est le Lieutenant.
Augmentons leur amour par leur impatience,
Aiguisons cependant les traits de la vengeance,
Un petit coup d'œil au miroir
Donne plus d'éclat à nos charmes;
Et quoique sûres de nos armes,
On est bien aise de savoir,
Si rien n'affoiblit leur pouvoir.

SCÈNE V.

Mᵉ RISS, LE PRÉSIDENT, M. LEK.

MADAME RISS.

Mais attendez, attendez donc.

LE PRÉSIDENT.

Ah, ma charmante !

M. LEK.

Ah, ma chère voisine !

MADAME RISS.

Finissez, ou point de pardon.
A vous avoir ici ce qui me détermine,
Est l'espoir de vous voir sages comme Caton.

LES FEMMES VENGÉES,

M. LEK.

Ah, sages !

LE PRÉSIDENT.

C'est bien dit.

MADAME RISS.

Hé bien finissez donc.
Avec moi vous soupez ?

M. LEK.

Oui, nous soupons ensemble.

LE PRÉSIDENT.

Madame je bénis le jour qui nous rassemble.

MADAME RISS.

Laissez donc, Monsieur Lek; pour vous, cher Président....

LE PRÉSIDENT.

Cher Président !

MADAME RISS.

Je vous connois prudent.

LE PRÉSIDENT.

Oui, mon cœur, mon esprit, tout en moi vous adore,
Et le feu qui me brûle, en voyant vos beaux yeux,
Fait que . . . . .

MADAME RISS.

Finissez donc. Quoi, Monsieur Lek, encore !
Mais que m'apportez-vous ?

LE PRÉSIDENT.

COMÉDIE.

LE PRÉSIDENT.

Un pâté merveilleux, Admirable.

M. LEK.

Voici deux très-bonnes bouteilles,
D'un Champagne mousseux, qui feront des merveilles.

LE PRÉSIDENT.

Voici quelques biscuits, qu'un malheureux plaideur
M'a donnés ; ils font beaux : sentez la bonne odeur.

MADAME RISS.

Je vous crois. Je suis seule...

M. LEK.

Ah, tant mieux !

MADAME RISS.

Ma servante
Est chez sa tante,

LE PRÉSIDENT.

Et le valet ?

MADAME RISS.

A suivi mon mari.

LE PRÉSIDENT.

Le bonheur est complet.

M. LEK

Ah ! ah ! votre mari !..... La bonne répartie

De notre Président, sur le voyage heureux
Qu'il alloit faire.

LE PRÉSIDENT.

Et vous, cette plaisanterie
Sur sa jument.

M. LEK.

Et vous, sur son front radieux.
Ah! contez.

LE PRÉSIDENT.

Non, contez.

M. LEK.

Non, non, contez vous-même.

LE PRÉSIDENT.

Il passoit.

M. LEK.

Nous passions.

LE PRÉSIDENT.

D'une surprise extrême
Nous paroissons saisis.

MADAME RISS.

Mais, Messieurs, commençons,
En mettant le couvert ; & toutes ces raisons
Auront leur tour.

M. LEK.

C'est vrai ; commençons.

COMÉDIE.

LE PRÉSIDENT.

Commençons.

M. LEK.

Moi, j'ai soif.

LE PRÉSIDENT.

Moi, j'ai faim.

MADAME RISS.

Galans comme vous êtes,
Vous voudrez bien m'aider, &, sans nulles façons,
Aller chercher les verres, les assiettes ;
Ils sont dans cette chambre.

LE PRÉSIDENT.

Allons ensemble.

M. LEK.

Allons.
Un baiser, pour tout gage, au serviteur fidelle.

LE PRÉSIDENT.

Je ne veux pas ici vous laisser avec elle.

SCÈNE VI.

MADAME RISS.

Tant qu'ils font occupés, je crains peu leur tourment;
Mais, si mon mari tarde & suspend mon attente,
La conversation devient embarrassante
Pour une femme seule & qui rit aisément.

SCÈNE VII.

MADAME RISS, LE PRÉSIDENT, M. LEK.

MADAME RISS.

Posez ici cela.

LE PRÉSIDENT, (*aidant à mettre la nappe*).

Moi, j'apporte la nappe.
Mon cœur est si content de la félicité
De servir les beaux yeux de sa Divinité!

M. LEK.

J'apporte la salade. Ah! Pourvu que j'attrape
Un baiser.

MADAME RISS.

Non, cessez, Monsieur Lek; ou je frappe.
Je vais chercher le reste, & soupons.

COMÉDIE.
M. LEK.
C'est bien dit.
Que vous avez, voisine, & de grâce & d'esprit !
LE PRÉSIDENT.
Quel plaisir nous aurons en ce réduit aimable !
MADAME RISS.
Voici pour commencer.
M. LEK.
Ah ! mettons-nous à table,
Ici.
LE PRÉSIDENT.
Non, près de moi.
M. LEK.
Face à face,.. Entre nous.
LE PRÉSIDENT.
C'est bien. Là qu'à présent nous ferions des jaloux !
Si l'on savoit...
M. LEK.
On sonne.
LE PRÉSIDENT.
Hé ! mais on sonne encore.
M. LEK.
Savez-vous qui, Madame ?

MADAME RISS.

Je l'ignore.

LE PRÉSIDENT.

Et si votre mari revenoit sur ses pas ?

MADAME RISS.

Non, non.

M. LEK.

Mais, par hasard....

MADAME RISS.

Si c'est lui, dans ce cas,
Je vous ferois cacher dans la chambre prochaine ;
Mais il est hors d'ici, pour toute la semaine.

M. LEK.

La semaine ! Ah, son cœur ne m'échappera pas !

SCÈNE VIII.
M. LEK, LE PRÉSIDENT.
DUO.

Ah ! quel plaisir d'être à table,	
Entre Bacchus & l'Amour,	
Auprès d'une Femme aimable	
Qui promet un tendre retour !	
Ah ! quel repas ! quel repas délectable,	
Nous prépare un si beau jour !	C'est moi qu'elle aime ;
Non, c'est moi ;	Non, c'est moi :
Un coup-d'œil ma promis sa foi :	
Non c'est moi-même.	Non, c'est moi.
Ah ! si vous aviez vu le coup-d'œil ravissant,	Ah ! si vous aviez vu le regard languissant,
Le souris caressant,	Le coup-d'œil en glissant
Le coup-d'œil ravissant	
Qu'elle lançoit en me quittant.	Que j'ai reçu d'elle en sortant.
Non, c'est moi-même.	C'est moi qu'elle aime.
Mais, mais qu'est-ce que j'entends ?	Mais qu'est-ce que j'entends ?

MADAME RISS.
TRIO.

Seroit-ce,.. oui, oui,	C'est mon mari ;	Qui ? son mari ?
Son mari !	Vîte, cachez-vous ici :	Ciel, son mari !
Votre mari, où donc ?	C'est mon mari ;	Où donc ? Où donc ?
Ici ?	Ici, ici.	Ici, ici ?

SCENE IX.

M. RISS, MADAME RISS; M. LEK, ET LE PRÉSIDENT *dans le cabinet, où ils sont vus du Public.*

M. RISS.

MA femme, tu me dois de la reconnoissance.

MADAME RISS.

Ah ! beaucoup.

M. RISS.

Oui, sans doute, en toute diligence,
J'ai mis, pour accourir, ma jument au galop ;
En trois heures, au plus : ma foi ce n'est pas trop.
L'homme que je cherchois n'est plus dans ce village.
Mais, qu'est-ce donc ? tu fais un fort mauvais visage.

MADAME RISS.

Je n'ai rien.

LE PRÉSIDENT.

On entend.

M. LEK.

Paix, paix.

M. RISS.

Le couvert mis

COMÉDIE.

Trois couverts, grande chère, un Pâté de Perdrix!
Avec qui foupois-tu?

MADAME RISS.

J'ai prié...

M. RISS.

Qui?

MADAME RISS.

Des Dames.

LE PRÉSIDENT.

Elle aura de la peine à se tirer de là.

M. RISS.

Qui donc encor?

MADAME RISS.

Hé bien, ce sont les femmes
Du Président, de son ami...

M. LEK.

Cela
Est trouvé tout au mieux.

LE PRÉSIDENT.

La femme, en ses excuses,
A l'esprit si présent & si rempli de ruses...

M. LEK.

Paix donc!

MADAME RISS.

Que ne vas-tu les chercher? tout est prêt.

M. LEK.
Par cette fente, il est visible...
MADAME RISS.
Ne badinez donc pas avec ce pistolet ;
Il me fait une peur terrible.
M. RISS.
L'un d'eux n'est pas chargé.
MADAME RISS.
Qu'est-ce que cela fait ?
On a vu des maris ainsi tuer leurs femmes,
En badinant.
M. RISS.
Va-t'en chercher ces Dames.
LE PRÉSIDENT.
Que n'y va-t-il lui-même !
MADAME RISS.
Allez-y.
M. RISS.
Je suis las.
Il n'est rien, à présent, que pour toi je ne fasse,
Plutôt que de marcher.
M. LEK.
Je le vois, tout en face.
MADAME RISS.
J'y vais donc.
M. RISS.
Reviens vite & redouble le pas.

SCENE X.

M. RISS; LE PRÉSIDENT ET M. LEK
cachés.

M. RISS.

AH, grands Dieux, quelle bonté d'ame !
Tu ne devines pas, ma femme,
Les services que tu me rends.
Tu me fais, en ce jour, les plaisirs les plus grands.
Je vais souper avec ce que j'adore.

M. LEK.

Ce qu'il adore ; entendez-vous ?

LE PRÉSIDENT.

Ah ! j'entends, j'entends bien.

M. RISS.

    Par bonheur, elle ignore
Que l'amour m'a soumis au pouvoir de ses coups.

LE PRÉSIDENT.

Il aime...

M. RISS.

  Mettrai-je deux balles ?
Oui.

LE PRÉSIDENT.

  Quoi donc ? qu'est-ce donc qu'il met ?

LES FEMMES VENGÉES,

M. LEK.

C'est qu'il charge son pistolet.

LE PRÉSIDENT.

Son pistolet !

M. RISS.

Elle n'a point d'égales
En France ; & mon amour est comme elle parfait.
Plus que Junon majestueuse,

M. LEK.

C'est votre femme.

LE PRÉSIDENT.

Non.

M. RISS.

Et plus tendre qu'Io,

LE PRÉSIDENT.

C'est la vôtre.

M. LEK.

Non, non.

M. RISS.

Plus vive que Sapho ;
Mais, par malheur trop vertueuse.

LE PRÉSIDENT.

Oui, c'est ma femme.

COMÉDIE.

M. RISS.

Ah ! si quelque voleur,
Si plutôt un rival, trop assidu près d'elle,
Se préparoit à m'enlever son cœur,
Je lui ferois sauter à l'instant la cervelle.
J'entends du bruit, je crois.

LE PRÉSIDENT.

Mais s'il entroit ici.

M. LEK.

Non, non, j'ai pris la clef, & la voici.

M. RISS.

Dieu des Amans,
C'est toi qui rends
Tous nos momens
Charmans.

Dans ce festin,
Par toi divin,
Enchaîne
De fleurs,
Des cœurs
Que le plaisir entraîne.

Qu'en deux beaux yeux
Pleins de tes feux,
Je puisse lire,
Le bonheur,
Que desire
Mon cœur.

LES FEMMES VENGÉES,

Dieu des Amans,
C'est toi qui rends
Tous nos momens
Charmans.

Elles ne viennent pas... Je vais la voir ! morbleu !
Dans le plaisir qui me transporte,
Je suis certain qu'en faisant feu,
D'un coup de pistolet, je perce cette porte.

LE PRÉSIDENT.
Il va tirer.

M. LEK.
Que le diable l'emporte.

M. RISS.
Dieu des Amans,
C'est toi, &c.

LE PRÉSIDENT.
Nous serons-là long-temps.

M. LEK.
J'entends, J'entends nos femmes.

SCENE XI.
M. RISS, M.de RISS, LA PRÉSIDENTE, MADAME LEK; M. LEK ET LE PRÉSIDENT *toujours dans le Cabinet.*

M. RISS.
Ah, que je suis ravi! bon soir, bon soir, Mesdames.

COMÉDIE.
MADAME LEK.
Bon soir !

M. RISS.
Je comptois peu sur le plaisir charmant
De souper avec vous.

LA PRÉSIDENTE.
Ni nous, certainement.

M. RISS.
Ah ! souffrez que je vous embrasse ;
Et vous, chère voisine.

MADAME LEK.
Ah ! c'est assez ; de grâce :
Comme vous embrassez !

M. RISS.
Qui trouve ce moment,
Doit en jouir sans doute avec ravissement.
Il faut quatre couverts. Que fait donc la servante ?

MADAME RISS.
Elle est allée en Ville, & reste chez sa tante.

M. RISS, (*à Madame Lek*).
Quel plaisir, de passer trois heures avec vous !

LA PRÉSIDENTE.
Avec Madame Lek ! Eh bien, entendez-vous ?

M., RISS.

Que les momens vont être doux !
Puisqu'ils s'écoulent près de vous
Et de l'aimable Présidente.

M. LEK.

C'est peut-être la vôtre.

M. RISS.

     A table mettons-nous.
Quel vin nous donnes-tu ?

MADAME RISS.

     C'est du vin de l'année.

M. RISS.

Ma femme, du meilleur, en un repas si doux.

MADAME RISS.

Du meilleur ! mais c'est que...

M. RISS.

     Tu parois consternée....
Ah ! voici la frayeur qui te prend... Apprenez
Qu'elle a peur des esprits.

MADAME RISS.

     Oui, je ne suis point brave.
Dans tout réduit obscur mes sens sont étonnés,
Et je ne peux aller toute seule à la cave.

LA PRÉSIDENTE

Madame, nous ferons ensemble le chemin.

M. RISS.

COMEDIE.

M. RISS.

C'est qu'il faut traverser la cour & le jardin.

LA PRÉSIDENTE.

Soit.

M. LEK.

Eh! que n'y va-t-il lui-même!

LE PRÉSIDENT.

Le sot homme!

M. RISS.

Si je n'étois pas las,

M. LEK.

Cette raison m'assomme.

M. RISS.

Je vous épargnerois, Mesdames, ce chagrin.

MADAME RISS.

Madame, en vérité, cela me désespère. (*Elles prennent chacune un flambeau*).

LA PRÉSIDENTE.

Madame, avec plaisir.

MADAME LEK.

Laissez-donc la lumière.

LA PRÉSIDENTE.

C'est vrai; je l'oubliois.

LES FEMMES VENGÉES,

MADAME RISS.

La lanterne suffit.

M. RISS.

Mesdames, pardonnez. Prends bien garde à l'esprit,
Regarde à tes côtés, par devant, par derrière.
Prends garde.

SCENE XII.

M. RISS, MADAME LEK.

(Le Président & M. Lek cachés, & n'étant vus que des Spectateurs.

M. RISS.

Ah, ma voisine!

MADAME LEK.

Ah, mon voisin!

M. RISS.

Hélas!

M. LEK.

Que va-t-il lui conter?

LE PRÉSIDENT.

Ah! moi je le devine.

COMÉDIE.

MADAME LEK.

Vous me regardez bien !

M. RISS.

Ah ! ma chère voisine !
Comment ! vous ne m'entendez pas ?

MADAME LEK.

Non, je ne suis pas assez fine
Pour expliquer tous ces hélas.

M. RISS.

Nous sommes seuls.

M. LEK.

Que veut-il dire ?

LE PRÉSIDENT.

Il cherche à lui conter son douloureux martyre.

M. LEK.

Non, Président ; c'est qu'il veut rire.

M. RISS. *(Alors le spectateur voit les deux femmes dans l'autre cabinet, qui entrent, sur la pointe du pied, en écoutant & en riant.*

Nous sommes seuls.

MADAME LEK.

Hé bien ?

M. RISS.

Hé bien.

LES FEMMES VENGÉES,

MADAME RISS (*dans l'autre cabinet.*)

Je vois.

LA PRÉSIDENTE.

Paix, paix, pour moi j'entends fort bien.

M. RISS.

Si vous m'aimiez autant que je vous aime !

MADAME LEK.

Qui, moi, Monsieur ? Quoi ! vous m'aimez !

M. RISS.

Vous-même.
Je ne vous apprends rien, & mes regards cent fois
Vous ont appris que mon cœur sous vos loix
Attendoit son bonheur suprême.

MADAME LEK.

Ce discours, Monsieur Riss, ne peut-il m'offenser ?

M. LEK.

Elle a raison.

MADAME LEK.

Non que je craigne quelque chose,
Mais je vous prie en grace de cesser ;
Cessez, car je vois trop à quoi ceci m'expose.

M. RISS.

Eh ! faites donc cesser les charmes de ces yeux,
Ce souris, ces lèvres de rose,
Cet incarnat voluptueux,

COMÉDIE.

Où la fraîcheur de la santé repose,
Et qui, tel que l'aurore annonce dans les cieux
L'aftre qui donne la lumière,
Semble préparer à mes feux,
Aux feux du tendre amour, leur brillante carrière.

MADAME LEK.

Je vous écoute, & cela n'eſt pas bien.

M. RISS.

Dieux ! que ne ſuis-je beau comme je vous vois belle !

M. LEK.

Morbleu !

LE PRÉSIDENT.

Ceci n'eſt qu'une bagatelle.

M. LEK.

Je n'aime pas cet entretien.

M. RISS.

Vous ſoupirez !

MADAME LEK.

Un cœur trop tendre & trop facile,
Qui dans cet inſtant prêteroit
L'attention la plus docile
A vos diſcours, ſans doute riſqueroit
De ſe tromper, & s'en repentiroit.

M. RISS.

Non, jamais homme n'eut une ame,

Non, vous ne me connoiffez pas,
Non, jamais homme n'eut une ame
Qui fçut unir avec moins d'embarras
Le plus profond fecret à la plus vive flamme.
Saififfons, faififfons ce moment plein d'appas,
Pour commencer le cours de nos ardeurs fidelles.
Que le feu de l'Amour lance fes étincelles
Sur la gaîté de ce repas.
Faifons la douce tentative
De tromper des regards jaloux & curieux,
De faifir cet inftant où nous fommes nous deux,
Pour unir au moment le plus délicieux
De la tendreffe la plus vive
Le plaifir de tromper l'un & l'autre convive.
Vous ne répondez rien?.... Votre œil eft incertain?

MADAME LEK.

Finiffez, finiffez, pourquoi prendre ma main?

LE PRÉSIDENT.

Monfieur Lek, tendrement il lui ferre la main.

M. RISS.

Non, vous la retirez en vain.

MADAME LEK.

Laiffez-moi, je vais faire un tour dans le jardin.

M. RISS.

Je vous fuis.

LE PRÉSIDENT.

Il la fuit.

M. LEK.

Il la fuit! quel outrage!
Je crois que dans l'inftant, dans l'excès de ma rage.

SCENE XIII.
M. LE PRÉSIDENT, M. LEK.

(*Ils viennent dans la chambre que M. Riss & Madame Lek ont quittée.*)

DUO

LE PRÉSIDENT.	M. LEK.
Où courez-vous ?	Ma femme que j'ai tant aimée,
Vous êtes fou ;	L'infidelle !
Appaisez-vous :	Son amour sembloit éternelle ;
Votre couroux	Je te serai toujours fidelle,
Ne sert à rien ;	Me disoit-elle à chaque instant ;
Arrêtez-vous, & c'est fort bien.	Et la perfide, en ce moment,
Arrêtez-vous,	Ecoute le premier amant !
Vous êtes fou ;	
La porte d'ailleurs est fermée.	
(*Pendant quelques ritournelles du morceau, le Président emporte un biscuit.*)	
Entendons-nous, entendons-nous ;	
Que fait-il ? Que recevez-vous	
De lui, de cette femme aimée,	Ah, si sa femme ! Ah, si sa femme !
Que ce qu'il recevroit de vous ?	
Entendons nous, entendons-nous.	Ah, si sa femme ! Ah, si sa femme !
Eh bien ! voilà le bon parti ;	
N'en ayons pas le démenti ;	
Suivons notre amoureuse trame.	Oui, oui : voilà le bon parti.
Voilà, voilà le bon parti ;	
Mais, mais ils vont rentrer ici ;	
Retirons-nous.	

(*Pendant la ritournelle du morceau, ils repassent dans le Cabinet.*)

M. LEK.

Non, je ne le crois pas, pour moi, pour mon repos.
Sans doute ils n'ont tenu que les mêmes propos:
Ma femme jusqu'alors m'a toujours paru sage.

LE PRÉSIDENT.

Non, la Dame est fragile, & nous pouvons, Monsieur,
Convenir que l'amour trouble aisément son cœur.

M. LEK.

Monsieur le Président, vous avez l'avantage;
Mais si c'étoit la vôtre?...

LE PRÉSIDENT.

Arrêtez, s'il vous plaît,
Ma femme est Demoiselle, elle a pour appanage
L'honneur de sa maison & le mien.

M. LEK.

Ah! j'enrage!
Il faut qu'il soit témoin d'un affront si complet!

SCENE XIV.

QUATUOR.

M. RISS.	M. LEK.	LE PRÉSID.	MADAME LEK.
Quoi, Vous pleurez ?			Oui, oui, je pleure ;
Dans un quart-d'heure	Il est bien temps ;		Vous allez rire à mes dépens.
Nous allons rire à leurs dépens ;	Ils vont bien rire à nos dépens.	A vos dépens.	Ah, quel chagrin ! Ah, quand j'y pense !
Ayez un peu de confiance.			Ciel ! qu'allez-vous dire de moi ?
Que vous m'aimez de bonne foi ;			Vous me dites : oui, je vous aime ;
Oui, sans doute : oui, je vous aime ;			Et dans l'instant, dans l'instant même,
Et pour toujours, mon tendre cœur			Mon tendre cœur, mon traître cœur,
Vous reconnoît pour son vainqueur.			Vous reconnoît pour son vainqueur.
Quoi, vous pleurez ?	il vont bien rire à nos dépens.	à vos dépens.	

Les Femmes, dans le Cabinet éclatent de rire, & disent avec eux ; à leurs dépens, à leurs dépens.

SCENE XV.

M. RISS, MADAME RISS, M^{de} LEK, LA PRÉSIDENTE, LE PRÉSIDENT ET M. LEK, *dans le Cabinet.*

MADAME RISS.

Hé bien, avez-vous été sage ?

M. RISS.

Oui, si le sage doit profiter des instans.
Mesdames, nous avons pendant votre voyage
Très-bien employé notre temps.

LE PRÉSIDENT.

Il a raison.

MADAME RISS.

Voici du vin.

M. LEK.

J'enrage.

M. RISS.

Il faut dans un repas du pain & du vin frais ;
Vénus languit & meurt sans Bacchus & Cérès.
Mesdames, prenez place. Au milieu de la table
Mets d'abord ce pâté. Qui t'a donné cela ?

COMÉDIE.
LE PRÉSIDENT.
Eh oui! sans doute elle le lui dira!
M. RISS.
Qui donc?
MADAME RISS.
Eh! c'est quelqu'un.
M. RISS.
Ce quelqu'un est aimable.
Des truffes! ah! c'est bien, je les aime. Adonis
A mangé la première, à la Cour de Cypris.
Ma voisine, ôtez donc cette respectueuse;
Si vous n'étiez pas bien, je le pardonnerois:
De ces grands mantelets la coutume fâcheuse
Ne sert qu'à dérober des grâces, des attraits;
 Et les mouchoirs, la gaze, la pelisse
Ne furent inventés que pour notre supplice.

Ôtez donc.
MADAME RISS.
Eh! pourquoi gêner?
MADAME LEK.
Très-volontiers.
LA PRÉSIDENTE.
Les hommes en cela sont tous bien singuliers.
MADAME LEK.
Tenez, Monsieur.

LES FEMMES VENGÉES,

LA PRÉSIDENTE.

Tenez.

M. RISS.

Donnez, que je les porte
Là dedans; tu n'as pas la clef de cette porte?

MADAME RISS.

Non, posez-les ici, mettez sur ce coussin.

LE PRÉSIDENT *rompt le biscuit, & en présente à M. Lek.*

Nous serons là long-temps, mangez.

M. LEK.

Je n'ai pas faim.

M. RISS.

Ah! soupons! quel plaisir! Que voulez-vous, Madame!
A vous. Je n'irai pas commencer par ma femme.

LA PRÉSIDENTE.

A vous, Madame.

MADAME LEK.

A vous.

LA PRÉSIDENTE.

Madame, j'obéis.

M. RISS.

A toi, ma chère femme: ah! du moins un souris.
Mesdames, où sont donc allés vos deux maris?

COMÉDIE.
LA PRÉSIDENTE.
Monsieur le Président séjourne à la campagne.
M. RISS.
Quelqu'amourette....
LA PRÉSIDENTE.
Oh non, fidèle à sa compagne ;
Elle seule à ses yeux paroît de quelque prix.
M. RISS.
Voudriez-vous cette aile de perdrix ?...
Pour Monsieur Lek, c'est un bon homme.
M. LEK.
Un bon homme !
LE PRÉSIDENT.
Bon homme !
MADAME LEK.
Ah ! si vous voulez, comme
Comme cela.
M. RISS.
Buvons, buvons à leur santé.
Mais qu'as-tu ? Je te vois & rêveuse & chagrine.
LE PRÉSIDENT.
Elle ne peut cacher sa sensibilité.
M. RISS.
Je ne reconnois plus ta charmante gaîté.

MADAME RISS.
Depuis quelques inftans j'ai mal à la poitrine.

M. RISS.
Tiens, pour te foulager, veux-tu de ce pâté?
La croûte m'en paroît très-fine.
Madame, & vous?

MADAME LEK.
Donnez.

M. RISS.
Du deffus, ma voifine?

M. LEK.
Il femble que le traître, enfonçant le poignard,
Se plaife à prolonger le coup qui m'affaffine.
Il le payera tôt ou tard.

LE PRÉSIDENT.
C'eft fort bien dit.

M. RISS.
Pour diffiper ma femme,
Difons quelque chanfon qui raviffe fon âme.

ARIETTE.

Quand Pâris fur le Mont Ida
Jugea trois Beautés immortelles,
Que de voluptés il goûta
A l'afpect enchanteur des charmes des trois Belles!
Je fuis plus fortuné que n'étoit ce Berger;
Car, il ne fit que les juger,
Et je fuis aimé d'elles.

COMÉDIE.

LA PRÉSIDENTE.
Beaucoup.

LE PRÉSIDENT.
Beaucoup.

M. RISS.
A table, on n'en sauroit douter,
Par-tout ailleurs. C'est ma chère voisine,
C'est vous, Madame, vous... qui voudrez bien chanter.

LE PRÉSIDENT.
Avez-vous entendu cette manière fine
Dont il sait la complimenter?

M. LEK.
Monsieur le Président, s'il vous plaît de vous taire.
Ces sots propos, qu'il vous plaît d'écouter,
N'ont pas besoin de commentaire.

M. RISS.
Un petit doigt de vin pour vous y préparer.
(*Madame Lek prélude*).

LE PRÉSIDENT.
C'est elle, il ne tiendra qu'à vous de l'admirer.

MADAME LEK.

ROMANCE.

Si jamais je fais un ami,
Je veux qu'il soit tendre & sincère ;
Qu'il ne m'aime point à demi :
A demi, je ne veux pas plaire ;

Et, s'il obtient quelque retour,
Que discret, il sache se taire :
Car, je n'estime l'amour,
Qu'accompagné du mystère.

Peu m'importe, si près d'Iris,
Il s'en va voltigeant sans cesse ;
Si pour Lisette, ou pour Cloris,
Il va publiant sa tendresse,
Pourvu que ce soit un détour,
Pour mieux cacher ce qu'il doit taire ;
Car, je n'estime l'amour,
Qu'accompagné du mystère.

M. RISS.

A ces Couplets que vous chantez si bien,
Madame, permettez que je joigne le mien.

Tous les pas d'un discret Amant,
Ne doivent laisser nulles traces ;
Le secret est au sentiment,
Ce que la pudeur est aux grâces ;
Venus fuit l'immortel séjour,
Pour un Berger qui sait se taire ;
Car on n'estime l'Amour,
Qu'accompagné du mystère.

M. LEK.

Ah, maudit Peintre !

MADAME RISS.

COMÉDIE.

MADAME RISS, *à part.*

Ah ! c'eſt charmant.

MADAME LEK.

Votre couplet, Monſieur, me touche infiniment.

LE PRÉSIDENT.

Je le crois.

M. LEK.

Ouf !

M. RISS.

Buvons, ſi vous voulez m'en croire.

MADAME LEK.

Non, s'il vous plaît, en me forçant de boire,
De toutes les façons vous me feriez, Monſieur,
Perdre l'eſprit, ma raiſon & mon cœur.

M. LEK.

Eſt-elle aſſez impertinente ?
L'effrontée !

LE PRÉSIDENT.

Elle eſt imprudente.
Auſſi Madame Riſſ en a pris de l'humeur.

M. LEK.

Tant mieux, morbleu.

M. RISS.

La belle Préſidente
Nous dira quelque choſe.

LA PRÉSIDENTE.

Ah, certes ! d'un grand cœur,

D

LES FEMMES VENGÉES,

ARIETTE.

De la Coquette volage,
Je n'imiterai jamais
L'inconstance & le langage,
Et les propos indiscrets.
Qu'un autre partage sa flâme;
Moi, mon sort est toujours d'aimer
L'objet qui règne dans mon âme :
C'est le seul qui doit m'enflammer.
De la Coquette volage,
Je n'imiterai jamais
L'inconstance & le langage,
Et les propos indiscrets.

MADAME LEK.

Je ne sais pas de qui vous prétendez parler,
Madame; mais ce partage de flamme,
Ces propos sur un cœur qui n'aime qu'à voler,
Semblent lancer sur moi les traits de l'Épigramme.
Je ne peux le dissimuler.

M. RISS.

Pourquoi prendre cela pour vous, belle voisine ?

MADAME LEK.

Ah ! Monsieur, sans être bien fine,
J'ai vu très-clairement que Madame, en chantant,
Cherchoit à me jeter un coup d'œil insultant.

M. RISS.

Contre ses yeux vous êtes trop en garde.

Moi, je suis assuré que, quand on vous regarde,
L'œil ne peut que lancer les plus tendres regards.

MADAME LEK.

Monsieur, connoissez mieux les nôtres;
De femme à femme, les trois quarts
Sont des insultes.

LA PRÉSIDENTE.

Oui, les vôtres,
Madame.

M. RISS.

Eh, quoi! les injures en sont.
Peut-on avoir l'humeur ainsi contrariante?
Cette dispute me confond.

MADAME RISS.

Moi, j'approuve la Présidente.

M. RISS.

Buvons plutôt. Ma femme, point de vin!
Il faut encor te remettre en chemin.
Tu devois apporter pour le moins trois bouteilles.

LE PRÉSIDENT.

Sans doute.

M. RISS.

Vas-y vîte, & qu'elles soient pareilles.
Tu regardes laquelle à présent marchera.
Mon peu d'attention, sans doute, surprendra,
Mesdames: je le sais; oui, c'est savoir peu vivre,
De vous laisser ce cruel embarras:
Mais je suis mort & ne peux faire un pas.

M. LEK

Mort ! l'imposteur !

MADAME RISS.

Qui de vous deux viendra ?

MADAME LEK.

Je resterai : Madame aime à marcher.

M. LEK.

Elle veut rester, la perfide !

LE PRÉSIDENT.

De ses propos pourquoi s'effaroucher ?

M. LEK.

Monsieur...

LA PRÉSIDENTE.

Votre remarque à l'instant me décide,
Madame, à demeurer. Que chacune ait son tour.

M. LEK.

Ah, plût au Ciel !

LA PRÉSIDENTE.

C'est vous faire ma cour
Assez mal ; mais enfin....

MADAME LEK.

Grand Dieu ! quelle foiblesse !
Avoir peur des Esprits ! d'un corps aérien !

LA PRÉSIDENTE.

Tout le monde n'a pas cette délicatesse ;
Madame Lek n'a peur de rien.

SCENE XVI.

LA PRÉSIDENTE, M. RISS; LE PRÉSIDENT ET M. LEK *cachés*.

M. RISS.

Ah ! Madame la Présidente,
Vous êtes belle ; mais méchante.

LA PRÉSIDENTE.

C'est que je ne saurois souffrir
Qu'une femme se donne, à table, le plaisir
De dire certains mots ; enfin qu'elle s'attache
A de certains propos qu'on ne doit pas tenir.

M. RISS.

On n'est pas, comme vous, d'une vertu sans tache.

LE PRÉSIDENT.

Il a raison : une vertu sans tache.

LA PRÉSIDENTE.

L'or & les diamants relèvent la beauté ;
　　Mais, de leur éclat emprunté,
Nous devons mépriser les attraits périssables.
Monsieur, la vertu seule a des charmes durables.
Voilà les ornemens vraiment dignes de nous.

M. RISS.

Aucune femme aussi n'en montre autant que vous.

LE PRÉSIDENT.

Voilà ma femme ; en vain il l'eût voulu séduire.

LA PRÉSIDENTE.

Un discours si flatteur seroit pour moi bien doux,
Si d'un malheureux sort je n'éprouvois l'empire.

M. RISS.

D'un sort !

LE PRÉSIDENT.

D'un sort !

LA PRÉSIDENTE.

D'un sort ; oui, Monsieur Riss : un sort
Est jeté sur mes jours, & me donne la mort.

M. RISS.

Un sort ! & quel est donc ce cruel maléfice
Dont vos jours fortunés redoutent la malice ?

LA PRÉSIDENTE.

Vous l'avouerai-je ? O Ciel, quels pénibles efforts !

M. LEK.

Quoi donc ?

LE PRÉSIDENT.

Je n'en sais rien.

LA PRÉSIDENTE.

Que je sens de remords !

COMÉDIE.

M. RISS.

Parlez.

LA PRÉSIDENTE.

Il est quelqu'un qui subjugue mon ame ;
Sa figure, son air, sa présence m'enflamme ;
Il me charme, il m'enchante, & mon cœur indiscret,
Malgré moi, dans mes yeux, dévoile mon secret,
Mon cher Riss, je vous prie, ayez soin de ma gloire.

M. RISS.

Madame, je ne puis vous croire,
Si vous ne me nommez ce mortel trop heureux,
Dont le mérite rare allume tant de feux.

LE PRÉSIDENT.

C'est moi.

LA PRÉSIDENTE.

Grands Dieux ! à quel point de bassesse
Ce malheureux instant condamne ma foiblesse !

M. RISS.

Seroit-ce un choix honteux, Madame ?

LA PRÉSIDENTE.

Ah, plût au Ciel
Que l'ascendant qui me surmonte,
Que mon perfide amour fût tel,
Que ma raison revînt à l'aspect de la honte
Qui suit un penchant criminel !

M. LEK.

Criminel !

LE PRÉSIDENT.

Criminel!

M. RISS.

Parlez avec franchise,
Quel seroit donc enfin ce mortel dangereux?

LA PRÉSIDENTE.

Il est... Il est devant mes yeux,
C'est toi.

M. RISS.

Moi!

M. LEK.

Lui!

LE PRÉSIDENT.

Lui! Lui!

M. RISS.

Ciel! quelle est ma surprise!
Vous m'étonnez, Madame.

LA PRÉSIDENTE.

Ah! ton cœur me méprise.

LE PRÉSIDENT.

Dans ma fureur....

M. LEK.

Paix donc, écoutons.

LA PRÉSIDENTE.

Oui cruel!
C'est toi, qui dans mon sein mis ce poison mortel,
C'est toi que je chéris, que j'aime, que j'adore;
Tout ingrat, tout barbare....

M. RISS.

Un si beau choix m'honore.
Mais......

LA PRÉSIDENTE.

Achève, réponds, seuls enfin dans ces lieux...
Tu ne m'écoutes pas, tu détournes les yeux;
Et ton cœur irrité de ma passion folle,
Refuse à mes soupirs une seule parole.
Vas, je sais expliquer cet embarras nouveau,
Sur ton ressentiment ne mets point de bandeau;
C'est dans tes yeux distraits que je lis ta réponse.
Hé bien! il faut mourir, donne-moi ce couteau;
Qu'en ta présence ici dans mon cœur je l'enfonce;
Dans ce cœur!... mais non, non je tombe à tes genoux.

LE PRÉSIDENT.

Dieux, quel affront pour la Magistrature!
Un Peintre!

M. RISS.

Allons, Madame, levez-vous :
Je suis touché des maux que votre cœur endure.

M. LEK.

Ceci, cher Président, est de mauvais augure.

LA PRÉSIDENTE. (*M. Riss, en relevant la Présidente, lui baise la main.*)

Mais tu baises ma main, insolent! d'où te vient
Cette témérité, dont le geste m'outrage?
Ce n'est qu'à mon mari que ce droit appartient.

LE PRÉSIDENT.

Eh bien, quoique folle elle est sage;
Cela console.

LA PRÉSIDENTE.

Il te sied bien
D'abuser des aveux où mon amour m'engage.
Mais tu rougis, & tes regards baissés
Ne viennent jusqu'à moi qu'à travers de tes larmes.
Grand Dieu, que tes pleurs ont de charmes!
Je me rends, mon cher Riss. Eh bien, en est-ce assez?
Où vas tu?

M. RISS.

Je m'en vais au-devant de ces Dames.

LA PRÉSIDENTE.

J'y vole; tu m'entends, mes vœux sont exaucés.

LE PRÉSIDENT.

O la plus perfide des femmes!
Elles sont toutes des infâmes.

M. LEK.

Je ris... je ris du coup inattendu.

LE PRÉSIDENT.

Ah! mon cher Lek, je suis.... je suis perdu.

COMÉDIE.

SCENE XVII.
DUO.

LE PRÉSIDENT.	M. LEK.
Oui, oui, je veux dans ma fureur	
Percer son cœur,	Où courez-vous,
Dans ma fureur	Vous êtes fou ;
Percer son cœur :	
Dans la fureur	
Qui me transporte,	Eh ! non.
Je veux, je veux laver l'affront	
Dont elle fait rougir mon front.	Ce pâté me paroît fort bon ;
L'infidelle !	Il faut, il faut qu'il soit sorcier.
Ah ! grands dieux ! l'aurai-je pu croire ?	La mienne, au moins, s'est fait prier.
Pleine d'esprit & de raison,	Dans son verre voulez-vous boire ?
Fille d'une illustre Maison ;	Buvons, buvons à sa santé.
Si quelqu'un savoit cette histoire ;	Entendons-nous, entendons-nous ;
Quoi, Monsieur, vous me plaisantez ?	Que fait-il, que recevez-vous,
Je l'ai, je l'ai bien mérité.	Que ce qu'il recevroit de nous ?
L'infidelle !	
Oui, oui, je veux dans ma fureur,	
Dans ma fureur	
Percer son cœur.	

LE PRÉSIDENT.

Ah ! mon ami, gardons le plus profond secret.

M. LEK.

Si quelqu'un, par hasard, se doutoit de ce fait,
Ma réputation seroit bien exposée.

LE PRÉSIDENT.

Et la mienne ! De tous nous serions la risée.

SCENE XVIII.

M. RISS, LA PRÉSIDENTE ; LE PRÉSIDENT, ET M. LEK *dans le Cabinet.*

M. LEK.

Les voici.

M. RISS.

Pourquoi donc me fuyez-vous ?

LA PRÉSIDENTE.

Pourquoi !
Ces Dames nous ont vus. Ah ! je me meurs d'effroi,
Et mes genoux tremblans me soutiennent à peine.

M. RISS.

Madame, votre crainte est vaine,
Elles étoient trop loin de moi.

COMÉDIE.

LA PRÉSIDENTE.
Me seras-tu toujours fidèle?

M. RISS.
Tu n'en pourras jamais douter.

LE PRÉSIDENT.
Il la tutoie ! Un Peintre !

LA PRÉSIDENTE.
     Elles vont tout conter ;
Demain partout ce sera la nouvelle.

M. LEK.
Sommes-nous assez malheureux ?

LE PRÉSIDENT.
Si le secret encor n'étoit qu'entre nous deux;
Mais il le sçait, le traître !

M. RISS.
     Ah ! ah ! quelle merveille !
Qui diable a donc mis là cette bouteille ?
    (*Il le goûte.*)
C'est du vin blan, buvons... Du champagne excellent....
Il redonne la vie aux esprits languissans.
Bois, mon cher cœur.

LE PRÉSIDENT.
Mon cœur ! un barbouilleur de toile ,
A la femme d'un Président!

M. LEK.
On ne sçauroit éviter son étoile ;
Et notre rendez-vous a fait notre accident.

LES FEMMES VENGÉES,

LA PRÉSIDENTE.

Ciel ! j'entends parler votre femme !
Avec Madame Lek, elle a quelques débats.

M. RISS.

Elles parlent très-haut.

SCÈNE XIX.

TOUS LES PERSONNAGES ; LE PRÉSIDENT ET M. LEK *cachés*.

MADAME LEK.

SI vous avez, Madame,
Quelques ménagemens, moi je n'en aurai pas.
(*à la Présidente*).
Madame, vous êtes charmante :
Vous ne tenez jamais de propos indiscret ;
Mais vous avez tenu, dans le petit bosquet,
Parfaitement le rang de Présidente.

LA PRÉSIDENTE.

Que voulez-vous donc dire avec votre bosquet ?
D'ici je ne suis pas sortie.

M. RISS.

Ah ! Madame, par moi vous serez démentie,
Madame a toujours resté là.

COMÉDIE.

MADAME LEK.

Ah! Monsieur, vous devez vous taire sur cela:
Traître, demain par-tout j'en dirai la nouvelle.

LE PRÉSIDENT.

Si votre femme parle, on pourra parler d'elle.

LA PRÉSIDENTE, *à M. Riss.*

Madame doit sçavoir....

MADAME RISS.

Oui, Madame, je sais....
Je sais que c'est à moi de vous céder la place.

MADAME LEK.

Pouvez-vous donc avoir l'audace
De regarder, de regarder en face,
Madame Riss, qu'ici vous offensez?

LE PRÉSIDENT.

Est-elle assez hardie?

LA PRÉSIDENTE.

Un tel propos me blesse,
Madame, & je m'en vais.

MADAME RISS.

Vous êtes la maîtresse.

LA PRÉSIDENTE.

Et si Madame Lek veut bien m'accompagner.....

MADAME LEK.

Quoique je doive y répugner,
Je le veux bien. La nuit couvre les rues
Personne ne nous aura vues
Ensemble.

LE PRÉSIDENT.

L'effrontée !

M. RISS.

Ah ! Madame, ma main
Assurera vos pas pendant votre chemin ;
Permettez-moi de vous servir de guide.
Ma femme, je te jure.

MADAME RISS.

Ah ! taisez-vous, perfide !

M. LEK.

Ils s'en vont tous les trois.

LE PRÉSIDENT.

Nous serons seuls enfin.

SCÈNE XX.

COMÉDIE.

SCENE XX.
LE PRÉSIDENT, M. LEK, M^{de} RISS.
TRIO.

LE PRÉSIDENT.	M^{de} RISS.	M. LEK.
Ah, Madame! ah, Madame! à vos pieds je me jette, J'embrasse vos genoux; Le traître, le perfide! Ah! vous savez l'offense, Ayons recours à la vengeance; Vengez-vous, aimez-nous, aimez-nous.	Vous êtes tous les deux foux: Hé bien! oui je sais l'offense; Mais enfin quelle vengeance? Et de moi qu'espérez-vous?	Si vous saviez ce qu'en cachette, Les traîtres ont fait contre nous; Ah! j'embrasse vos genoux, Ah! vengez-vous, aimez-nous.

Pendant que les deux hommes sont aux genoux de M^{de} Riss, les deux autres femmes, qui avoient feint de partir avec M. Riss, rentrent & les surprennent dans cette position.

SCENE XXI,

SEXTUOR.

LE PRÉSIDENT.	LA PRÉSIDENTE.	M. RISS.
Ah! traîtresses, vous voilà;	Ah! perfides vous voilà,	
Vous nous avez fait outrage,	Et vous nous faites outrage.	Ah! Ah! je vous surprends-là,
Moi-même j'en suis témoin;		Désirans me faire outrage:
Ah! c'étoit un badinage.		Oui, oui, c'étoit un badinage;
Ah! nous revenons de loin,		Mais vous, vous ne badiniez pas.
Ce n'étoit qu'un badinage.		Demandez pardon bien vîte,
Ah! Monsieur en vérité,		A des femmes de mérite,
Ce n'étoit qu'une gaîté.		Dont vous devez baiser les pas.
Nous vous demandons pardon,	Non, non, non;	Oui,
Ceci nous rendra plus sages;	Point de pardon;	Car vous ne badiniez pas,
Pardonnez ce badinage,	Hé bien oui, nous l'accordons;	Accordez-leur le pardon;
C'est pour nous une leçon;	Mais si vous n'êtes pas sages	Ceci les rendra plus sages.
Ma femme, je serai sage.	Il n'est plus aucun pardon.	Nous pardonnons nos outrages
Hé bien soit, plus de pardon,	Nous vengerons notre outrage,	Et leur folle intention.
Plus de pardon,	Et de toute autre façon,	Ah! pardon, ah! pardon.
Plus de pardon,	Il n'est plus de pardon,	Qu'il ne soit plus de pardon,
Plus de pardon.	Plus de pardon.	Plus de pardon.

ET DERNIÈRE

SEXTUOR

MADAME RISS.	MADAME LEK.	M. LEK.
	Ah ! perfides vous voilà,	Ah ! traîtresses vous voilà,
Ah ! que diront-ils à cela ?	Et vous nous faites outrage.	Vous qui nous faites outrage,
Mde Riss éclate de rire, ainsi que les deux autres femmes, & M. Riss.		Moi-même j'en fus témoin. Ah ! nous revenons de loin.
		Ce n'étoit qu'un badinage.
		Ah ! nous revenons de loin.
		Ah ! Monsieur, en vérité,
		Ce n'étoit qu'une gaîté.
	Non, non, non,	Nous vous demandons pardon,
Accordez-leur le pardon,	Point de pardon.	Ceci nous rendra plus sages,
Ceci les rendra plus sages.	Hé bien oui, nous l'accordons ;	Pardonnez ce badinage.
Je pardonne mon outrage	Mais si vous n'êtes plus sages,	C'est pour nous une leçon ;
Et leur folle intention.	Il n'est plus aucun pardon ;	Ma femme, je serai plus sage.
Ah ! pardon, ah ! pardon.	Nous vengeons notre outrage,	Hé bien, soit, plus de pardon,
	Et de toute autre façon.	Plus de pardon,
Qu'il ne soit plus de pardon,	Il n'est plus de pardon,	Plus de pardon,
Plus de pardon.	Plus de pardon.	Plus de pardon.

E 2

68 LES FEMMES VENGÉES,

M. LEK.

Mais sortons de ce lieu, sa présence rappelle
Le souvenir amer d'une juste querelle.

M. RISS.

C'est bien dit.

LA PRÉSIDENTE.

Et chez moi passons pour y souper.

MADAME RISS.

A mes chers amoureux permettez-vous d'en être ?

LA PRÉSIDENTE.

De venir avec nous chacun d'eux est le maître,
Si leurs femmes encor peuvent les occuper.

M. LEK.

Je vous pardonne tout, si j'ose vous tromper.

*Alors M. Riss prend sous le bras Madame Lek
& la Présidente ; Madame Riss prend de même
M. Lek & le Président ; ils font comme s'ils
sortoient de la Scène, pendant la ritournelle du
Vaudeville, & reviennent le chanter.*

COMÉDIE.

toit ce Berger; Car il ne fit que les juger, que les juger : Et moi, Et moi, Et moi je suis ai- mé d'el- les, je suis ai- mé d'el- les. Et moi, Et moi je suis ai- mé d'el- les, je suis ai- mé d'el- les.

74 LES FEMMES VENGÉES, &c.

ROMANCE.

Si jamais je fais un ami, Je veux qu'il soit tendre & sincere, Qu'il ne m'aime point à demi; A demi je ne veux pas plaire; Et s'il obtient quelque retour, Que discret il sache se taire; Car je n'estime l'amour, Qu'accompagné du mystere.

Peu m'importe, *page 48.*

FIN.

APPROBATION.

J'ai lu par ordre de Monsieur le Lieutenant-Général de Police, LES FEMMES VENGÉES; & je n'y ai rien trouvé qui m'ait paru devoir en empêcher ni la Représentation, ni l'Impression. A Paris, ce 5 Février 1775. CRÉBILLON.

Vu l'Approbation, permis de Représenter & d'Imprimer, ce 7 Février 1775. LENOIR.

De l'Imprimerie de MICHEL LAMBERT, rue de la Harpe, près Saint Côme.

www.ingramcontent.com/pod-product-compliance
Lightning Source LLC
LaVergne TN
LVHW020941090426
835512LV00009B/1668